다시 사랑하리라

숨시선 02

다시 사랑하리라

박현옥 시집

신아출판사

| 시인의 말 |

    산다는 건 살아있음을 표현하는 행위라고 여깁니다. 그러하기에 하루하루 살아가는 일상의 글로 적어 두었던 걸 한데 모아봅니다. 모든 게 부족하고 서툴기만 하지만 저의 작은 외침 또는 삶의 몸부림 같은 글들을 한 권의 시집으로 엮었습니다. 꽃이 피고 지듯 계절이 돌고 돌아서 오듯이 사랑도 인연도 스쳐 가면 다시 오는 것처럼요. 어쩌면 사람들이 살아가는 방법은 거의 비슷비슷한 모습이지 않을까 생각하며 꾸밈없이 저의 시를 심고 시 꽃을 피우고 싶은 간절한 마음입니다.

연우 박현옥

| 차례 |

시인의 말 5

제1부

가둘 수 없는 마음 13
가슴속에 가두었네 14
가슴에 네가 핀다 15
가슴에도 봄이 오길 바라며 16
가을 하늘 17
가을이 오는 소리 18
가지 말아야 하는 길 19
삶이 여행 20
가질 수 없는 그대 21
같이하는 삶 22
다시 사랑하리라 23

제2부

거울 속의 나를 보았네 27
사랑비 28
고독 29
경포대에서 30
고뇌의 눈물 32
기다리는 그리움 34
기다리는 내님 35
긴 여정 36
깊은 밤 37
나무 38

제3부

나의 향기 43
나의 이십 년 44
난 니다 45
날 버려두지 마세요 46
내 안의 눈물 47
너의 두 눈 48
눈물이 된 눈 49
답은 있네 50
감사와 위로 52
겨울 나그네 54

제4부

만남　57
동행　58
마음의 창　60
멈춰버린 가을　61
미칠 듯 그리워서　62
믿음　64
물방울의 선율　66
바람꽃　67
바람에 전하는 말　68
바람이 분다　70

제5부

별　75
나는　76
보고 싶다　77
보내버린 사랑　78
봄의 향연　80
비에 씻겨간 시간　82
봄의 선물　84
비탈진 언덕　85
빙판 위에 새　86
비 내리는 밤　88

제6부

사랑은 봄처럼 91
사랑이 저만치서 92
사랑합니다 93
산책 94
삶은 갈등이다 95
세월의 나이 96
스며든 가을 97
언덕 98
여행 100
아버지 102

제7부

위대한 사랑 105
오솔길 106
위로 108
유리창 109
인생길 110
그대 오시려나 112
인연 113
잠시 욕심이 꿈틀 114
잡초 115
지나간 순간 116

제8부

찾아든 봄 119
첫눈이 내리네 120
파동 121
밤이 내린다 122
항구 123
행복 124
화살촉 같은 시간 125
후레지아 꽃 126
수평선 127
기다림 128

해설 131

제1부

가눌 수 없는 마음

봄바람 세차게 불어
꽃을 시샘하는 추위가
봄의 문턱을 지키고 있다

하루 사이에 생긴
마음의 갈등처럼
꽃을 시샘하는 추위가
시린 마음을 데려왔는지

갈팡질팡
가눌 수 없는 마음을
봄바람은 아시려나
시샘 바람이 지나가고 나면
꽃은 다시 피려나

가슴속에 가두었네

가슴속에
널 가두고 싶네

좋은 사람이라서
마음속에 널 그려 넣었는데

지울 수 없는
내 생애 마지막 멋진 그림이
너였음 하니까.

가슴에 네가 핀다

바람꽃 불어 꽃잎 날리고
꽃눈 되어 내리지만
가슴에는 네가 온다

꽃들은 지천인데
가슴에는 너만 피고

흰 벚꽃 길 하염없이 걸어도
마음속에 너만 보인다

오색 물든 길 걸어 가지만
바람에 날리는
꽃잎이 너로 보인다

가끔 너를 지우지만
꽃을 보면 가슴에서
꽃으로 네가 피어난다.

가슴에도 봄이 오길 바라며

까만 구름 잔뜩 몰려들더니
빗방울 하나둘씩 내려와
머리를 적시는데
우산도 없이 걷는다

봄이 오는 소리 야단스럽지만
가슴에는 아직도 겨울인 이유는
보내지 못한 사랑 때문이려나

자동차 소리 빗소리
그 사이를 비집고
뿌옇게 습기 찬 가슴으로
헤매는 거리 무작정 걷는다.

가을 하늘

화산처럼 쏟아지는
붉은빛은 하늘의 분노 같아요

찬란하리만큼 퍼져 나오는
아름다움은 가을이 가져다준
선물입니다

하늘은 만 가지의 얼굴로
우리들의 마음을 즐겁게 해주는
마술사입니다

가을 하늘의 쪽빛은
나를 행복하게 하고
맑고 맑은 하늘은
신비한 그 자체입니다.

가을이 오는 소리

가을이 오는 소리에
창문을 열어 보니
그대 그림자 찬바람과
함께 들어오네

풀벌레 소리도 잠들어 가는지
나직이 울려 퍼지고

추석날 밤 혼자 지내는
외로움을 달래며 소주 한잔에
몸을 달궈

흐린 눈으로 깊은 밤은
고독으로 지새네.

가지 말아야 하는 길

가지 말아야 하는 길인 줄 알면서
그 길을 또 걸어가네

스쳐 지나가는 길인 줄 알면서
바람처럼 그 길을 걸어가네

한참을 걸은 뒤에야 잘못을
알면서도 다시 오는 길이 멀어
주저앉아 버리고

시간 흐른 뒤에야
정신을 가다듬어
온전한 나로 돌아왔지만
눈먼 사랑을 반복하여 아프다.

삶이 여행

매일 삶이 여행이라
하루하루를 소중하게
살아가기로 한 여정을
행복으로 가꾸어 가고

훌쩍 넘어버린
세월 남은 시간을
최선 다해 여행처럼
살아가려 한다

아침마다 기적이라 여기면서
살아가는 삶을 가꾸고

내가 희망이고 꿈이라는
감사하는 맘으로 인생을
살기로 한 나머지 시간을

멋지게 장식하고 싶은 오늘
감사하며 꽃을 피우련다.

가질 수 없는 그대

보고 싶다고 말해도 볼 수도
없는 그대

가까이 가면 꺼져버릴 거
같은 그대

봄바람에 흔들리다
사라지고

찬 바람에 휘날리던
한 가닥 남은 낙엽처럼
애절한 사랑

지워도 지울 수 없는 사랑
무명초 같은 사랑이네

같이하는 삶

바람 타고 봄이 노래하네.
여기저기 화려하게

뽐내고 있는 봄꽃이 방긋방긋
둘레길 따라 봄이 동행하였네

피곤하고 힘들어도 봄바람과
함께한 나들이 같이하는 벗이구나

다시 사랑하리라

큐피드 화살이
가슴에 박히던 날
설렘으로 가득한
사랑이 시작되었네

화살처럼 빠르게
통과되어 버린
바람 같던 사랑

가슴에 뚫린 상처를
치유하기 위해
많은 시간을 다독였네

부족한 사랑 뉘우치며
뒤돌아보지만

사랑은 아픔이고
눈물이라는 걸 알면서도
그 길을 찾아 다시 사랑하리라

제2부

거울 속의 나를 보았네

거울 속에 비친 얼굴
세월의 흔적 고스란히 묻어있어
나 모르게 젊음이 치워버린
거울 속의 나

희끗희끗 머리카락
축 처진 피부 주름진 모습
보기 싫어도 살아온 세월만큼의
흔적들이 고스란히 묻어 있구나

아름다움이 아닌 이쁘게 늙고자
미래의 나인데 이건 아닌데
실망이지만 어쩌겠나,
세월을 지울 수, 멈출 수도 없다는 것을.

사랑비

가슴에 젖은 사랑비
하루 종일 내려 잠드는 시간마저
잊어버리고

후드득, 후드득 빗소리에
창문을 열어 보니
창문으로 들어오는 찬바람만 휑하니
가슴을 여미게 하네

스치듯 가버린 사랑비
잠시 마음에 울림만 남겨두고
울렁거리던 마음 진정하지 못해
긴 밤을 지새웠네.

고독

소란스러운
군중 속에서 고독합니다

차창에 떨어지는
빗방울 부딪치는 소리에
난 또 외롭습니다

커피 한 잔 속에서도
갈색 고독이 들어 있습니다

고독에서 행복을 찾으려고
웃어 봅니다

익숙해진 고독들을 곁에 두니
조용한 친구라서 더 좋습니다.

경포대에서

파도가 철~얼~썩
흰색 양 떼처럼
밀려오고 밀려가고
바람과 함께 눈 깜짝할 사이
내 발을 적신다

차다 못해 시리고
검푸른 쪽빛 하늘도
금방 삼켜 버릴 듯이
무섭게 달려든다

맺힌 가슴까지 시원하게 뻥 뚫려
겨울에만 느낄 수 있는
짜릿한 그 느낌
한참을 눈에 담는다

망망대해를 바라보는
눈은 시원한 아이스크림을

먹는 느낌으로 겨울은 그렇게
내게서 멀어져 간다.

고뇌의 눈물

어린 시절 결혼하여
두 아이의 엄마가 되었고
단칸방 가난하게 살면서
뭐가 그리 좋았는지
현실을 모르는 철부지들이

가난에서 벗어나 겨우 살만해지니
남편은 술에, 바람에
참을 수 없는 고통을
어린 내게 비수처럼 꽂은 시간

눈물로 보낸 인고의 언덕에서
혼자의 길을 선택하고
아이 둘 데리고 월세방에서
시작한 생활은 고통이었다

엄마라는 단어에 눈물 꿀꺽 삼켜가며
꿋꿋하게 살아 내야 했던 삶

아이들이 아니었으면 고통의
시간을 이기고 살았을지
여자로 살아온 것이 아니라
엄마라는 이름 때문에 지탱할 수 있었던
눈물의 고개를 넘어서 왔다

기다리는 그리움

초조한 그리움으로 기다리는 님
보고 싶다는 말로 다 할 수 없는
그대 향한 그리움은

밤을 꼬박 새워 달려가는데
가슴만 탈뿐 아무 소식이 없네

그대 향한 그리움이 망부석이 되어
멈춘 시간 속에 묻어 버리고

긴 여정의 터널을 들어가려 하네
어디쯤 가야지 그리움은 멈출지
보고 싶다 내 가슴이 말하는데
대답 없는 그대여

기다리는 내님

나이가 들어가며
초조해지는 마음
어디선가 기다리고
있을 나의 짝

눈이 멀어 찾지 못 하나
귀가 멀어 찾지 못 하나
시간은 얼마 남지 않았는데
꼭꼭 숨어 나타나지를 않네

기다리는 가슴
다 무너지기 전에
그대가 왔으면 좋으련만
먼 시간을 그리워하며
그대 오기를 기다려 봅니다

긴 여정

그대 만나기 위해
어둠의 긴 터널을 지나서
태양이 빛나는
밖으로 나오는 중입니다

혹시 터널을
지나가는 중이라도
아무 일 없이 당신
볼 수 있기를 바랍니다

살다 보니
어둠과 빛이
공존하는 삶

긴 여정을 지나서
지금 여기에
그대를 기다립니다.

깊은 밤

머릿속에 생각이 많아
잠을 이루지 못하고
이런저런 잡념에 뒤척이는 밤

아무 생각도 하고 싶지 않지만
꼬리에 꼬리를 물고
날 쉽게 놓아주질 않는다

결론도 없는 잡생각들로
밤을 꼬박 지새우려나

깊은 밤 지친 생각들의 새벽
빙빙 눈꺼풀이 풀어진다.

나무

앙상한 가지 사이로
속삭이는 겨울날
빛을 발사는 너의 자태에
다시 봄을 노래하네

금방 연초록으로
갈아입을 것 같은
싹 눈은 햇살을
보고 웃는다

봄이 오면 널 빨리
보고 싶은 마음에
콧노래 흥얼거리며

얼음 사이에 흐르는
계곡물도 나와 함께 콧노래 하네

우린 하나가 되어 겨울과 봄을
나뭇가지가 주는 사랑스러움에
파랑새를 날려본다.

제3부

나의 향기

창밖으로 손을 뻗어 봐요
나의 손길이 바람을 타고 갈 거예요
당신은 느껴지시나요?

바람이 당신의 손가락 사이를
간질일 때 한번 꽉 쥐어봐요
나의 향기 빠져나가지 않게요

멀리 있다 하여도
눈을 감고 나를 느껴봐요

당신의 따스한 향기가
나의 가슴으로 안겨 들어오네요

당신은 영원히 푸르름으로
내 곁에 남길 바라면서요.

나의 이십 년

내 젊음을 불태운 이십 년의
생활을 정리하니 맘이 쓰리다

정리하다 멍하니 먼 산 바라보다
눈물이 왈칵 솟구친다

어려운 시절 내 생활을 지탱해 준
나의 유일한 목숨줄이었던
가게를 정리하였다

눈물겨운 시절을 어찌 말로 하겠는가

지금은 남부럽지 않도록 여유를
누릴 수 있게 해 준 나의 동반자를 보내고

오늘부터 나의
새로운 삶을 시작하려고
멋진 노년을 설계하고 기대해 본다
씩씩하게, 행복하게 나의 미래야 가자.

난 나다

핏덩이로 태어나
순백의 웃음을 주던
가냘픈 소녀가

세월의 풍파에 찌들고
시간의 흐름에 찌든 나를 본다

봄이 오는 거처럼
새싹이 움트는 것처럼
나도 그때로 뒤돌아 가고 싶다

갈 수 없는 길을 멍하니
뒤돌아보면서 난 그냥 나니까.

날 버려두지 마세요

스치는 바람결에도
흔들리는 날에도
날 버려두지 마세요
따뜻한 봄바람이 간지럽히니까요

바람결에 흔들거리는 꽃잎처럼
봄바람 타고 훨훨 날아가고 싶은
마음 담아 꾹꾹 누르고 있으니까요

나의 향기가 살아 숨 쉴 때,
내게 달려와 줘요
후하고 불면 사라질지도
모르니까요

봄이 찾아오는 길목에서
그대 기다리고 있을게요.

내 안의 눈물

가슴속 응어리가
시간이 지나도
맺어진 이슬이네
생각만 해도 주르륵 흐르는
구슬 같은 눈물

저 깊숙한 곳에 한 많은
설움을 지워도, 지워도
지울 수 없는 상처가
눈물이 되어 흐르네

아픈 마음이
언제나 치유가 되려나
눈을 감아야 지워지려나

가슴을 씻어도
쓰린 상처는 아물지 않네
아, 내 안의 눈물이여.

너의 두 눈

선홍빛 발그레한 작은 꽃
풀숲에 곱게 피어
지나가는 눈길을
사로잡는다

향기로운 꽃향기가
가을 속을 걷는
발길을 멈추게 하네

조금 있으면 시들어지겠지만
한 계절을 책임지니까
너의 소임을 다했노라고

살아 있는 동안 나도
내 소임을 다하고 살았을까
작은 미소로 너와 대화를 해보네.

눈물이 된 눈

눈 펑펑 쏟아지나 싶더니
그 새 못 참고 눈물을 흘리네

눈이 내린 거리를
걷는 것도 잠시
기쁘다 슬프다 하는
내 마음인가

빙판길 미끄러워
걷지도 못하고
다시 집으로 들어와
뒹구는데 슬프다.

답은 있네

사람 꽃나무 태양
구름, 안개 무지개
모든 건 받음으로 기쁘고
받은 것을 나눔으로 더 하고
푸르른 향기에 취해
푸르른 호흡을 해보렵니다

아름다운 것을 볼 수 있고
감미로운 음악을 들을 수 있고,
부드러움을 만질 수 있고
가슴이 있어 사랑을 품고,
기쁨과 슬픔을 느낍니다

마음속에 깊이 들어 있는
꺼내지 못하는 심연의 언어를
가슴에 채워 넣을수록 벅찬 인생을
살게 된다는 것을 깨닫습니다

영혼의 허기를 채우기 위해
고귀한 사랑을 나누어야만
다시 나에게 고귀한 사랑이 돌아오겠지요.

감사와 위로

변함없이 찾아온 아침
별들은 새날에 반짝이고
감사한 하루를 시작

폭우와 폭염이 반복되는
칠월의 끝을 보며
끝은 또 다른 시작을 품습니다

내가 할 수 있는 일을 하면서
내가 채울 수 있는 행복에는
욕심을 내겠습니다

자신이 가진 것에 안분지족하는 삶이
정말 행복한 삶이라는
자기 분수에 만족하며 살렵니다

영원한 것도 없는 삶
바람 부는 대로 물 흐르듯이
인연과 운명에 너그러이 순응하며

톱니바퀴처럼 돌아가는 세월에
기대며 행복을 키워보겠습니다

인생의 풍경도 아름다운 사랑이라서.

겨울 나그네

겨우내 움츠린
새싹들이 돋아나고
겨울은 떠날 채비로
분주하다

추위에 움츠렸던
몸을 기지개 켜며
햇살 좋은 양지로
웅크린 몸 사위를
활짝 펴고 봄이
햇빛 마중 나가네

얼었던 빙판은
햇살에 눈물 흘리고
멈추었던 새싹들은
합창하듯 하품하네
겨울은 잠시 쉬었다 가는 나그네.

제4부

만남

바람처럼 스쳐
지나가는 인연인 것을
영원할 것처럼
불태우던 짧은 사랑

바람에 맹세했던
사랑이었나
소낙비 한 번에
깨끗이 사라져 버렸네

아무하고 인연
맺지 말라 했는데
내 뜻대로 되지 않는 일
만남도 살아가는데 반복된 숙제다.

동행

행복한 삶을
좌우하는 것은
어떠한 사람과
동행하는가에

같은 생각과 같은
맘으로 배려하고
아껴주는 따뜻한
사람들이 좋다

마음씨 이쁜 사람과
함께 하면 좋겠다

가진 거는 없어도
마음이 부자이거나
따뜻한 맘을 가진
사람이면 좋겠다

동행은 싫어도 좋아도
함께 가야 하는
긴 여행이기 때문이다.

마음의 창

열릴 듯, 열릴 듯
열리지 않는 마음
다 갔나 싶으면 다시
돌아가는 어설픈 마음

어떤 것이 중요한지
다시 가보지만
그래도 아닌 듯
닫아 버리는 마음
돌고 돌아 살아온
세월이 말하네

둘이 갈 수 없어
긴 시간을 나 자신과
싸우는 중이지만
마음이란 알 수 없는
숙제 같은 것
이제는 그 숙제를 풀고 싶다.

멈춰버린 가을

추운 겨울이 싫어
아직도 가을이다

나뭇가지에 채 보내지 못한
가을을 안타까워하고 있는 듯
멈춰버린 나뭇잎들

가을을 노래하듯
그대로 망부석이 되었네

겨울이지만 단풍이
들기도 전에
추위를 이기지 못하고

이별하기 싫어서
꽃처럼 이쁜 자태로
겨울에 피는 한 줄기
아름다운 꽃이 되었네.

미칠 듯 그리워서

어딘가에서 날 부르며
찾아올 것 같은 사람아
기다려도 기다려 봐도
오지 않는 그대여

꿈속에서라도
날 찾아와 주길
바라는 이 마음
그댄 모르리

미칠 듯 그리워서 잠들어도
그대 오지 않는데

혹시 하는 마음에
전화기만 만지작거려
알량한 자존심에

보고 싶다고
혼잣말로 불러 보지만
대답 없는 그대여
미칠 듯 그대가 보고 싶다.

믿음

누굴 믿어야 하나,
갈피 잡지 못하는
현실 앞에 보이지 않고
알 수 없는 현실을
믿지 않는 게 맞는지
상념에 잠 못 이루는 밤

그때는 배신감으로
긴 세월을 눈물로
지새워야 했지만
이제 다시 반복되지 않는
삶을 살아보려 무던히
노력하고 살았다

믿음 주지 않는
부질없는 사랑
현실을 똑바로
볼 수가 없었다

믿을 수 없는 사람과
같이한다는 건
지옥이란 말이
맞을지도 모른다

그냥 혼자만의 길을 가보자
조금은 외롭겠지만
괴로움을 받는 것보다
자유로운 비상을 위해서 그렇다.

물방울의 선율

촉촉하게 봄비가
봄을 알리는 나뭇가지 사이
리듬에 맞춰
도레미파 솔라시도를
노래하네

옥구슬처럼 영롱하게
빛나는 물방울들

줄줄이 나열하지 않았어도
그 자태로 빛나는
맑은 수정 같은 옥구슬

길을 따라 걸어가는
발걸음도 가볍다

너의 자태로 행복해하는
시간이 좋다.

바람꽃

촛불 하나 덩그러니
흔들리는 바람 속의 꽃

울타리 쳐놓고
불꽃을 지키려는 가냘픈 촛불

꺼질 듯 말 듯
다시 살아나는
등불이여!

흔들리다 피어나는
혼의 바람꽃이여

그대는 아시나요?
바람꽃의 슬픔을

울타리 너머 들어오는
저 바람이 시리고
아프다는 것을.

바람에 전하는 말

시원한 바람이
코끝을 간지럽히고
강바람 맞으며 질척거리는
길을 하염없이 걸었네
강물도 쪽빛, 하늘도
쪽빛 강가를 나는 새들

다정히 손잡고 걷고 있는 연인들
이쁜 손주 손잡고 가족들이 모여
웃는 정겨움이 모두가 사랑스럽다

멋진 풍경들이
한 폭의 그림 같이
속삭이며 다가와
사랑한다고 말한다
바람 너여서 행복하다고 대답했다

인생 별거 없다는 생각이 들어

바람이 부는 날까지 건강하게
살아보자.

바람이 분다

거친 바람 불어오니
생각할 사이도 없이
자꾸 흔들리고
잠잠해지려 하면
또 불어오는 바람

잔잔한 호수의
그림이 흔들리고
바람이 불어올 때마다
흔들리는 나무

이쁜 꽃을 피웠는데
시들기 전에
곱디고운 자태는
땅바닥에 뒹굴고 만다

자연의 심술에
산산조각이 되어

바람 따라 날아가고
떨어진 꽃잎을 사뿐히 밟고
쓴 미소로 걷는다.

제5부

별

별이 쏟아져 하늘을 수놓는
자태에 넋 놓아 바라보며

저 별은 무슨 별일까
하나씩 짚어가며
밤하늘 별과 눈을 맞춘다

어두운 그림자에 가려진 저 별은
나의 별인가 하는 생각에
까만 밤을 수놓은 별들과
얘기 나누는 나만의 시간은,

따끈한 차 한잔에 널 벗 삼아
하늘을 쳐다보는 밤이네

나는

풀꽃으로 태어나
향기로운 들판을
수놓은 듯 그렇게
살아왔네

스쳐 가는 것들이
배움이었고 삶이었네

인생 육십 줄기를 타고
고개 넘듯 살아가지만

아침을 여는
오늘이라는 선물
가득히 안고 감사하며

창문을 열어보니
까치가 울어댄다

반가운 손님이 오시려나.

보고 싶다

눈을 뜨니
그대가 보고 싶어
지그시 눈을 감고
지나간 시간을 회상해 본다

잘한 것도 없는 당신이
보고 싶고 그리운 건
그놈의 정 때문인가

빗소리 나직하게
차창에 떨어지는 소리에
그냥 보고 싶다는 말

그리운 건 이유 없이
마음만 달려가는 그리움
그대가 보고 싶다고
가슴 안에서 소리친다.

보내버린 사랑

겨울을 보내면서
내 사랑도 보내 버렸습니다

촉촉한 봄비가 내려서
보내는 마음에도 비가 내립니다

가슴이 먹먹하고 아픈 마음이
소리 없이 흐느낍니다

겨울은 나에게 아픈 가슴으로
남아 있습니다

봄이 오는 소리가
들리지만 가지 못하는
겨울을 보내려고
몸부림쳐 봅니다

사랑이 사랑이라고

말하면 사랑인가요
확신이 없는 사랑을
보내야 하기에 춥습니다

아무렇지 않은 척하지만
답답한 가슴이 말합니다
사랑이라고 그래서 더 아픕니다.

봄의 향연

봄이 오는 소리 연둣빛으로
치장하고 방긋 웃는다

나뭇가지 사이
파릇한 아기들이
봄을 알리고

걸어가는 바람결에도
포근한 느낌이 일렁이다

누가 이리 신비한
마술을 부리는지

고운 빛깔로 아름다움을
선물한 봄을 찬양하고

살아있어서
볼 수 있어서,

느낄 수 있어서 감사

걸어서 하늘까지 닿을
이 기쁨을 감사한다.

비에 씻겨간 시간

수정 같은 맑은 하늘
구름 속 선한빛이
오늘도 할 수 있다는
자신감 불어놓고 온 힘을 다해
살아가라 한다

힘든 일 속에 잘 견뎌냈고
잘 살아왔고 잘 살 것이라고
박수를 보내는 것 같다

마음의 행복은
내가 정하고 찾아가는 것
비 그치고 난 뒤
꽃잎에 맺힌 선명한
보석들이 웃는다

잠시 돌담에 기대어
세상 한갓지게 바라보며

조금 쉬었다가 아직은
가야 할 길을 가야지.

봄의 선물

온 세상이 향기로 가득한 봄
여기를 보아도
저기를 보아도,
오색 빛깔 색동저고리
눈을 뗄 수 없는 봄의 향연

연둣빛 찬란한 나뭇잎들이
살랑거리는 바람에 손짓하고
가만히 귀 기울여
속삭이는 숨결들이
파랑새 되어 가슴으로 날아든다

향기로운 꽃내음 다채로운 색채
봄을 노래해 주는 행복이다.

비탈진 언덕

산 아래 나지막이
자리 잡은 초가삼간
비탈진 언덕을 외로이
지키고 있네

눈이 내리면 언덕길이
눈으로 덮여 길을
알아보기조차 힘든
좁다란 길

비료 포대 바닥에
깔고 썰매 타던 시절
거기서 태어나 어린 시절
추억이 깃들어 있다

시간이 흘러 먼 나라 얘기가
되어버린 추억 가보고 싶은
고향의 향수에 젖는다

빙판 위에 새

빙판 위에 옹기종기 모여
무슨 말을 하고 있는지
먹이를 찾는 걸까

발은 시리지 않은지
유유자적 빙판을 누비는
새의 무리

그들과 어울리지 못하는
백조 한 마리 외로워 보인다

먹이를 사냥해서 입에 물고
어디론가 나르는 백조

새끼 백조가 기다리는 곳으로
날아가는지 모른다

창공을 향해 가는 모습이 꼭

어미의 모습이다

사람이나 동물이나
한치도 틀리지 않는다

그 모습이 이뻐서
새가 보이지 않을
때까지 먼 창공을 바라보고
빙그레 웃는다.

비 내리는 밤

차창을 때리는 빗소리가
구슬프게 들리네

긴 밤을 새워야 하는
나에겐 외로움이고
처량함이네

차창에 떨어지는
빗방울 소리에
가버린 그대를 그리워하며

아픈 마음 빗물에
씻기어 가버렸으면
좋으련만 빈 가슴은
빗물처럼 떨어지네.

제6부

사랑은 봄처럼

겨우내 얼었던 가슴속에
너와 함께 살포시 파고든 내 사랑

산들바람이 부는 것처럼
가지마다 빙긋이 피어나는 촉

너여서 좋다
사랑과 함께여서 더 좋다

보내기 싫은 너였지만
넌 어느샌가 내 옆을 떠나가고
또 다른 사랑을 안겨준
그대여서 좋다

온 세상을 향기로 물들이고
바람 타고 나르는 너의
자태에 넋 놓아 바라본다.

사랑이 저만치서

사랑이 저만치서 손짓하네
가까이 가면 먼지처럼
사라질 것 같아 바라만 보네

마음만 괴롭게 하는
내 사랑 어쩌면 좋아
어떻게 하면 잡을 수 있을지
애가 타네 바라보니 눈물만 흐르네

흐르는 시간 속에 가슴만 타네
차라리 바람님께 실어 보내야 하는지 애가 타네

사랑합니다

하루에 몇 번씩 사랑한다고
말해주는 당신이 있어서
행복합니다

가슴에 당신으로 꽉 차
다른 사랑이 들어올 수 없지만
당신 사랑도 두렵습니다

혹 들어온 사랑의 색깔을 몰라
망설이고 있습니다

사랑으로 가득한 마음이 아프게 될까
불안한 마음은 왜일까요

기댈 수 있는 내 사람으로
남아주세요.

산책

메타세쿼이아 길을
걸어 본다
쭉쭉 뻗어 하늘에
닿을 듯한 늠름함

양옆으로 나란히
비틀어지지 않고
곧은 자태로
반겨주는 나무들

항상 그 길을 걸을 땐
올곧은 길에 서서
휘어지지 말고 바르게 가라
교훈의 말이 담긴 것 같다.

삶은 갈등이다

산등성이에 물안개가
온 산을 뿌옇게 피어오른다

한 폭의 수채화로
비가 내리는 풍경들이
굽이굽이 산을 휘감고

마음 한편에 버려야 하는
숙제 같은 것들
안개가 걷히고 나면

그 삶의 갈등까지 걷어가 다오
너를 보내고 떠나도 마음의 짐도
사라지게 해 다오

훌훌 삶의 무게를
모두 버릴 수 있도록.

세월의 나이

세월의 나이는
상처를 아물게 하는 게 아니라
상처를 끌어안고 살아가는
위치를 가르쳐 준다

힘들면 힘든 대로
아프면 아픈 대로
쓰라린 가슴을 끌어안고
인정하고 살아간다

그렇게 살다 보면
세월의 나이만큼
성숙해져 살아지고
그러다 보면 세월은
가치를 알게 되는 것.

스며든 가을

스치듯 지나는 가을바람이
온몸에 스며들어 모르는 척
그 안을 마다하지 않았다

단풍이 물들기 전에
마음의 단풍이 들어버렸는지

외로운 마음이 녹아내리는 건
따뜻한 마음에서 일어나는
파동 때문인가

무언가에 홀려버린 듯
그냥 그 자리에 굳어져 버린 채

잠시
바람을 벗 삼아 집으로 가는 길
가을에 스며든 나를 본다.

언덕

긴 세월 가난한 시골에서 태어난
못난 아이가 흰머리 하나둘씩
생기고 주름이 세월만큼 늘어나니
허망하기도 하지만

의지할 언덕이 없어
힘들었던 지난날들
서럽게, 서럽게도 지나와
아이들에게 큰 것은 못 해줘도
기댈 언덕이 되어줄
엄마의 꿈을 키웠고

아들이 하는 말이
엄마는 아빠 같은
엄마라고 얘기해 주니
눈물이 앞을 가린다

지금은 난 엄마 때문에

사는 거라고 말해주는
아이들이 있어서 참 다행이다

달려온 긴 세월을
엄마라는 단어로
난 두 아이의 언덕이
될 거라고 약속한다.

여행

구름 한 점 없는
하늘을 벗 삼아
걸어보는 산 능선
언제나 반겨주는
포근한 벗이여

한적하고 조붓한
길 따라 걸어가는
행복한 노래가
저절로 나오고
산천이 다 나의 벗이로구나

앙상한 나뭇가지에서
봄을 기다리는 봉우리가
하늘에 닿을 듯 방긋 웃는다

새순이 튀어나올
연초록에 행복해서

봄이 오는 소리와 함께
널 마음에 담아 간다

아버지

작은 체구에 다부진 아버지는
마르셔서 항상 안쓰러웠던,

긴 세월 허리 한번
펴지 못해 가시는 그날까지
살이 쪘던 모습을 볼 수가 없어
영양제 놔드리고 싶었습니다

병원에 입원시켜 드렸는데
하필이면 병원 침대에서 떨어져서
효도하려다가 되려 불효자가 되어버렸습니다

그날의 일들이 독이 된 슬픔으로
가슴 미어지고 고생 고생만 하시다가
자식들 효도하는 것조차 거부하시고
하늘나라로 가신 아버지 죄송합니다
아비지! 슬프고 또 몹시도 그립습니다.

제7부

위대한 사랑

새벽바람 마다하지 않고
한걸음에 내게로 달려와 준 그대

자던 눈 비비고
배고프다는 그댈 위해
불고기도 해주고

마주 앉은 새벽
아랑곳하지 않고
도란도란 얘기 꽃을
피우며 맛있게 먹는다

같이 한다는 건 어쩜
세상에서 제일 행복한 일

건강하게 행복하게
살아가기로 손가락도 걸어보고

오솔길

오솔길 모퉁이에
황화 코스모스가
이쁘게 흔들거리며
가을을 손짓하네

가만히 만져보고
얘기도 나누고
꽃밭에 들어가서
한 송이 꽃이 되어
나비처럼 주위를
맴돌아 날아본다

싱그런 햇살 잔잔하게
부는 바람 향기로움이
코끝을 간지럽히고

커다란 나무가
그늘 만들어 주고

여기저기 야생화 지천
행복 숲속 오솔길 따라가네.

위로

서로의 서로를 위로하는
모습만으로 흐뭇한 미소가
내 입가에 번지네

글 속에 사랑이 꽃피우고
고단한 삶이 녹아드는
아름답고 이쁜 사연들이
입가에 웃음 번지네

잠시 누워 행복의 집을 짓고
지금 순간이 행복이다.

유리창

유리창에 세차게 부딪혀
빗물이 떨어지고

빗방울 소리는
따뜻한 차 한잔에
섞여 몸으로 퍼지는
온기로 남아

떨어지는 옥구슬이
방울방울 열린 유리창의
악보를 보면서
노래를 부른다

바람이 부는 대로
물방울이 흥을 돋우고

즐거운 빗방울 소리 따라
나는 춤을 추네

인생길

비단 깔고 가고 싶은 길이지만
살다 보니 비포장 길을 달려온
인생길

그럼에도
내게 준 최고의 선물은 건강
나이 들어 보니 이제야
알 것 같은 건강한 몸

걸을 수 있고 볼 수 있고
이쁜 사람들과 소통할 수 있는
최고의 복을 받았다

고달파 눈물짓던
나의 삶을 조금씩 내려놓으니
이제야 보이는 것들
사랑할 수 있을 때

감사하는 맘으로 받아주면서
남은 인생을 장식하고 싶다.

그대 오시려나

귀뚜라미 소리
적막감 달래 주는
노랫소리

말없이 깊어 가는 밤
애달픔은 멍들어 가네

혹시나 하는 어두운 밤
창문을 열어놓고
그대 오시려나
촛불 밝힌다.

인연

지나가다 널 보았네
마음 가는 만큼 사랑했지만
가는 시간만큼 멀어지고
있다는 느낌이 든다

다시 반복되는 인연인 만큼
스치고 지나가고 또 인연이 되어
그 자리를 맴도는 인연의 끈

그 끈을 놓지 못해
회오리 같은 인생사
그 모든 게 흐르는
구름이요 바람이런가

잠시 욕심이 꿈틀

유혹이 들어온다
흔들리는 욕심이란
놈이 자꾸 흔드네

여기저기 얘기를 해보니
내 욕심이 화를 불러들여
어지럽게 한다는 걸
이제야 알았네

파동이 잠잠해질 때까지
눈을 감고 잠을 청해 본다.

잡초

거친 생활 속에서
꽃피었습니다

아무리 밟으려 해도
다시 일어나 걸었습니다

그 자리 누구도
대신할 수 없을 만큼
가득 채워서 우뚝 서봅니다

꽃도 피고 가득 닦은
향기로 노래했습니다

겨울을 맞이하여
잠을 자듯 고요 속에
봄을 기다리고 있습니다

봄이 오기를 기다리는
잡초 같은 삶을 이렇게 살았습니다.

지나간 순간

갇혀있던 시간
바람 부는 것도
잊어버렸는데 지금
바람맞으며 걸어가는 길
얼굴 닿는 느낌만큼 아프다

그 속에서 너를 모르던
차가움과 싸늘한 채취
지나간 시간만큼 춥다

스쳐 가리라 바람처럼
아픈 것도 가리라

꽃 피는 봄이 찾아오는 것처럼
다시 봄의 향연이 펼쳐지리라

제8부

찾아든 봄

살랑바람과 함께
내 가슴에 내려앉은
사랑비가 내리기 시작
하였네

스치는 듯 말 듯
보슬보슬 내리는
사랑비를 맞고
걸어가 보려 하네

맞이하는 봄저림
가슴으로 받아들인다

새싹처럼 내 마음에도 싹을
틔어 보련다

그대에게 이슬비처럼
스며들고 싶다.

첫눈이 내리네

솜사탕처럼 하얀 첫눈이 내려
소원을 빌어본다

사람들이 바라는 것처럼
나의 소원 역시
건강한 모습으로 사는 날까지
깨끗하게 살고 싶은 마음이다

하루하루 지나가는
시간이 아깝다는 생각
내가 좋아하는 사람들과
한 번 더 웃고 행복해하는
모습만 생각하고 싶다

내린 눈 속에서 석양을
바라보는 눈빛 포근하고 좋다.

파동

잔잔한 호수에 돌을 던지니
파동이 이네

파동의 크기는 상상 이상의
꽃을 만들고

잔잔한 호수에 이름 모를
낙서도 남기네

다시 잦아든 물결은 아무 일
없듯이 고요하고

또 누군가 던지는 돌멩이가
호수에 큰 파동을 일겠지만

곧 조용히 가라앉아
평온하겠지

밤이 내린다

하루 저물어 어둠 내리는데
방바닥에 등짝 붙이고 뒹굴다
지치면 물 한 모금 마시다

아침에 눈 뜨면 몸 풀고
다시 시작되는 하루
그렇게 하루를 시작하지만
일 그만두고 할 일 없이
시간 보내기 몸도 맘도 힘들다

간간이 들리는 귀뚜라미 소리
밤의 적막감 스며들고 찬바람이
섞여 있는 초가을 문턱에
밤이 내리면 외로움만 크다.

항구

떠나가는 배
기다리는 항구
외로운 등대는
밤을 환히 비추는
망망대해 불빛

멀리 바라보는
수평선 너머로
짝지어 나는 갈매기 떼
뱃고동 울리는 부둣가

평화로운 백사장을 거닐며
언제나 찾아와도 반겨주는 항구는
내님 같이 포근하네.

행복

꿈을 꾸듯 살아가는 시간이
감사와 행복이 동행하는
나의 삶이다

삶 속에 얻어지는 모든 건
살아 숨 쉬는 내게 행복이다

같이하는 사람들 행동 하나에도
잠을 자고 눈 뜨는 순간,
맛있는 음식 먹을 때도

아름다운 거리를 걸어가며
꽃향기 가득한 정원에서
푸른 바다가 준 바다 향기까지
모두가 사랑이다.

화살촉 같은 시간

잠을 자고 일어났을 뿐
아무것도 하지 않아도

시간은 화살촉처럼
훅 지나가는 것이

꿈에서 깨어 눈을 잠시
감았다 떴을 뿐인데
하루가 내 앞에서 지워졌네

아침인가 했더니
또 밤이 내리고
지나가는 것들이
허무하기만 하네.

후레지아 꽃

가던 길 멈추게 한 노란 꽃
거기만 봄이 찾아온 듯
좁다란 귀퉁이 환하게 비추는
영롱한 자태

넋 놓아 바라보다가
사진 한 컷 찍었네

꽃 파는 자동차에
후레지아 두 다발 사서
한 다발은 같이 간 사람 주고
한 다발은 우리 집 식탁에

향기에 취해
봄처녀가 된 오늘
보는 것만으로 행복하다.

수평선

바다 너머에
누가 살고 있을까

나풀나풀 나비 되어
가보고 싶어라

하늘과 맞닿은 저곳에
기다리는 내님 있을까

훌훌 날아서
그곳에 가고 싶네

노을의 수평선
멍하니 바라본다.

기다림

연초록 새순을
틔우기 위해
긴 겨울을 이겨내고
우뚝 서 있는 나무들

바람이 불어도
잔잔한 웃음으로
반기듯 손짓하는
가느다란 가지들

겨울은 봄빛으로
갈아입기 위한 채비를 한다

기다림이란 사랑하는 님을
기다리는 것처럼 설레고

어미가 첫아이를 출산하는
가슴 벅찬 사랑
봄은 그런 기다림이다.

해설

| 해설 |

사랑하기 위한 도전은
인간 내면의 아름다운 목표다

정정예 (수필가)

인간 삶의 본질은 행복이다. 행복하기 위해 태어난 사람들은 누구나 사랑하고 사랑받길 원하는 건 당연한 일이지만, 삶이란 꼭 그렇지만은 않다. 내가 긴절한 행복을 위했을지라도 엇갈린 행복으로 상처받고 아파하기도 한다. 박현옥 시인 "다시 사랑하리라" 행복 찾는 길에 잠시 동행이 되어 덩달아 신바람 난다. 어제는 실패의 자리에 있었으나 오늘은 사랑이라고 설파하는 박현옥 시인의 시 문을 열어본다.

사랑은 인간뿐만 아닌 살아가는 생명체에게 모두 해당하는 일이다. 특히 사람만은 많은 분량의 사랑을 갈구하고 있다. 지속적인 사랑의 탐구라 함이 옳지 않을지, 화자는 지나간 아픈 사랑

또는 다가올 미래의 사랑을 노래하는 모습에서 사랑만큼 아름다운 게 있을까 생각해 본다. 박현옥 시인의 작품 산문시로 아픈 삶을 실타래같이 풀어내 조심스럽게 꼬이고 엉킨 실뭉치를 차분히 끝매듭 찾아 은행나무 실감개에 실을 감아가고 있다. 시인은 담담히 삶이 사랑이 숙제라고 하며 이제 다가오는 시간 시간을 감사하며 숙제를 풀겠다는 의지가 눈물겹도록 고운 삶으로 승화시켜 잔잔한 감동이다.

큐피드 화살이
가슴에 박히던 날
설렘으로 가득한
사랑이 시작되었네

화살처럼 빠르게
통과되어 버린
바람 같던 사랑
가슴에 뚫린 상처를
치유하기 위해
많은 시간을 다독였네

부족한 사랑 뉘우치며
뒤돌아보지만

사랑은 아픔이고

눈물이라는 걸 알면서도
　　그 길을 찾아 다시 사랑하리라

　　　　　― [다시 사랑하리라] 전문

　사랑의 화살이 빠르게 날아와서 심장에 박히다가 머물 시간 없이 바람처럼 즉시 통과해 버린 사랑, 사랑이라 말하고 느끼기도 전에 순식간에 빠져나간 자리, 그 쓰리고 아린 사랑 다시 하지 않으리라 했지만, 화자는 그조차 다시 사랑하리라 사랑할 수만 있다면 다시 그 길을 가고자 한다는 눈물겨운 사랑이 아닐 수 없다. 오히려 자신의 부족한 사랑을 뉘우친다는 겸손한 사랑이야말로 정녕 아름다움이리라.

　　풀꽃으로 태어나
　　향기로운 들판을
　　수놓은 듯 그렇게
　　살아왔네

　　스쳐 가는 것들이
　　배움이었고 삶이었네

　　인생 육십 줄기를 타고
　　고개 넘듯 살아가지만

아침을 여는
오늘이라는 선물
가득히 안고 감사하며

창문을 열어보니
까치가 울어댄다

반가운 손님이 오시려나.

— [나는] 전문

 화자는 잡초 속에 풀꽃을 피워내기 위한 끈질긴 생명력을 지탱하고 모진 세상이란 황량한 벌판에 홀로 서서, 그 뿌리들을 뻗어나갔던 힘겨운 삶을 지금은 아무렇지도 않게, 오히려 풀꽃으로 태어나 향기로운 들판에 수를 놓으며 살아왔다고 하니, 그러하면서도 화자 앞에 닥쳐왔던 고난의 풍파는 배움이고 삶이라고 겸손히 시를 짓는다. 하루하루의 살아가는 날이 감사한 선물이라 노래한다. 생의 향기로운 울림을 건조한 벌판에 한 줌의 향기로 흩뿌려 놓고 있다.

박현옥 시집

다시 사랑하리라

인쇄 2024년 7월 15일
발행 2024년 7월 19일

지은이 박현옥
발행인 서정환
펴낸곳 신아출판사
주소 서울특별시 종로구 삼일대로 30길 21. 종로오피스텔 809호
전화 (02) 747-5874, (063) 275-4000, (063) 251-3885
팩스 (063) 274-3131
이메일 sina321@hanmail.net
출판등록 제465-1984-000004호
인쇄 · 제본 신아문예사

저작권자 ⓒ 2024, 박현옥
이 책의 저작권은 저자에게 있습니다. 서면에 의한 저자의 허락없이
내용의 일부를 인용하거나 발췌하는 것을 금합니다.
저자와 협의, 인지는 생략합니다.
잘못된 책은 바꿔 드립니다.

ISBN 979-11-94198-01-7 (03810)

값 12,000원

Printed in KOREA